Altes Brot

Die 50 besten Rezepte

Die 50 besten Rezepte für

Altes Brot

Gesammelt und herausgegeben von

Melanie Koßmann

Capt. Swings
geheime Bibliothek

Bibliografische Information der Deutschen Nationalbibliothek Die Deutsche Nationalbibliothek verzeichnet diese Publikation in der Deutschen Nationalbibliografie; detaillierte bibliografische Daten sind im Internet über www.dnb.de abrufbar.

© 2021 by Melanie Koßmann
Herstellung und Verlag:
BoD – Books on Demand, Norderstedt
ISBN 9 783755 700920

Inhalt

Altes Brot

Der Duft von frischem Brot···
der erste Biss in die knusprige Brotkruste···
der luftig leicht gebackene Teig···
ein Genuss
...der leider bereits nach einem oder wenigen Tagen vorüber ist.

Meistens landet das alte Brot dann im Mülleimer. Wie schade. Welche Verschwendung an Lebensmittel!

Ich möchte hier einige Möglichkeiten aufzeigen, wie man altes Brot in köstliche Speisen verwandelt und somit auch noch Geld spart.

Man kann alte Brotreste in Vorspeisen, Hauptgerichten, Beilagen sowie Desserts hervorragend weiterverwerten.
Viel Freude bei der Zubereitung und guten Appetit!

Croutons

Croutons sind knusprige Brotwürfel die ihre Verwendung in Salaten und Suppen finden und diese ungemein aufpeppen.

Zutaten

eine beliebige Menge altes Brot jeder Art
Olivenöl
Kräuter (z.B. Oregano, Thymian, Basilikum)
Salz
Pfeffer

Zubereitung

Das Brot oder die Brötchen in 1x1 cm große Würfel schneiden und auf einem Backblech auslegen. Dann mit etwas Olivenöl beträufeln oder besprühen. Dann kräftig mit Salz und Pfeffer würzen. Anschließend mit beliebiger Kräutermischung bestreuen. Dann alles mischen und für 15 Minuten in den auf 180 Grad vorgeheizten Backofen schieben. Die Croutons können auch in einer Pfanne mit etwas Olivenöl angeröstet werden.

Brotchips

Eine leckere Knabberei, die zügig zubereitet ist und altes Brot vor dem Mülleimer rettet.

Zutaten

1 altes Ciabatta, Baguette, Weißbrot, Brötchen oder auch Mischbrot
Olivenöl oder Knoblauchöl
getrocknete Kräuter (z.B. Oregano, Thymian, Basilikum, Rosmarin)
evtl. 1 Knoblauchzehe
Salz

Zubereitung

As erstes den Backofen auf 180 Grad Ober/Unterhitze aufheizen. Das Brot in 2-3 mm dicke Scheiben schneiden. Die Brotscheiben auf ein mit Backpapier belegtes Backblech legen und mit dem Öl bepinseln. Danach das Salz mit den Kräutern deiner Wahl mischen. Nach Geschmack auch mit einer gepressten Knoblauchzehe und die Gewürze auf den Scheiben verteilen. Nun werden die Brotchips 15-20 Minuten lang im Ofen gebacken bis sie eine angenehme Bräune haben.

Brotpommes

Warum Pommes immer nur aus Kartoffeln zubereiten? Hier wird das altbackene Brot zum knusprigen Snack.

Zutaten

für ein ganzes Blech Pommes

½ Mischbrot oder Weißbrot

150ml Pflanzenöl

5 Zweige Rosmarin (oder Thymian)

5TL Chilipulver (oder Currypulver)

Pfeffer

Salz

Zubereitung

Den Backofen auf 200 Grad vorheizen. Das Brot in Streifen schneiden ähnlich wie Pommes. Den Rosmarin fein hacken. Aus dem Öl, dem Rosmarin und den Gewürzen eine Marinade anrühren. Diese mit Pfeffer und Salz abschmecken. Nun die Brotstreifen in die Marinade tauchen und auf das vorbereitete Backblech legen. Jetzt die Brotpommes für 10 Minuten auf mittlerer Schiene backen bis der gewünschte „Knusper-Grad" erreicht ist.

Variation: Die Brotpommes werden echten Pommes aus Kartoffeln ähnlicher, d.h. innen weich und außen kross, wenn man sie in Pflanzenmilch taucht, dann auf ein Backblech legt und mit der Öl-Gewürz-Marinade beträufelt. Die Backzeit erhöht sich dadurch allerdings auf 30 Minuten.

Cinnamon toast sticks

Knusprige Brotstäbchen mit Zimt und Schokolade sind besonders bei Kindern sehr beliebt.

Zutaten

für 4 Personen

4 Scheiben Toastbrot

2 Eier

Zucker

Vanilleextrakt

Zimt

Milch

Salz

1 EL Butter (evtl Nutella)

Zubereitung

Die Rinde der Toastscheibe entfernen und die Scheibe in 3 Streifen schneiden. Die Eier mit einem Schuss Milch, einer Prise Salz und Vanilleextrakt verquirlen. In einem Teller eine Zimt und Zucker-Mischung herstellen. Nun die Brotstäbchen in der Eiermilch wenden und in einer Pfanne in Butter von beiden Seiten anbraten. Danach in der Zucker-Zimt-Mischung wenden. Wer es schokoladig mag, versieht die Cinnamon toast sticks noch mit einem Klecks Nutella.

Arme Ritter

Dies ist eine einfache Art ein Frühstück zuzubereiten und dabei altbackenes Brot zu verwerten.

Zutaten

für 4 Personen
4 Scheiben altes Weißbrot oder Brötchenhälften
250ml Milch
2 Eier
1 TL Zucker
Prise Salz
Butter

Zubereitung

Die Milch mit dem Zucker, Salz und den Eiern verquirlen. Dann die Brotscheiben in die Eier-Milch-Mischung tauchen und in einer Pfanne mit etwas Butter anbraten bis sie goldbraun sind.

Tipp: Dazu schmeckt sehr gut Marmelade, Kompott, frische Früchte, Sirup oder auch Schmand

Tomate-Mozzarella
Arme Ritter

Wer die klassische Variante zu langweilig oder zu süß findet, ist bei dieser herzhaften Arme Ritter Zubereitung richtig.

Zutaten
für 4 Personen
8 Scheiben altes Weißbrot oder Brötchen-hälften
500ml Milch
4 Eier
1 Kugel Mozarella
2 Tomaten
Salz
Pfeffer
Paprikapulver oder Chilipulver
Butter

Zubereitung
Zuerst werden die Tomaten gewaschen, der Stiel-ansatz entfernt und dann in Scheiben geschnitten.

Die Milch mit den Eiern mixen und würze mit Salz und Pfeffer. Nun den Mozzarella in Scheiben schneiden. Dann wird eine Toastscheibe mit Tomate-und Mozzalla-Scheiben belegt und mit Paprika oder Chili gewürzt. Danach wird eine weitere Toastbrotscheibe als Abschluss oben draufgelegt. Nun wird das Sandwich vorsichtig in die Milchmasse getaucht, dass es sich etwas vollsaugen kann.

Anschließend werden die Sandwichs von beiden Seiten in einer Pfanne mit etwas Butter goldbraun angebraten. Die belegten Brotscheiben diagonal aufschneiden und wie ein klassisches Sandwich angerichtet werden.

Bananen Sandwich

Die Bananen sind überreif und müssen zusammen mit dem alten Toastbrot weg? Hier ist die Lösung.

Zutaten

8 Scheiben alte Toastbrot
2 überreife Bananen
400ml Milch
4 Eier
2 TL Zucker
2 Prisen Salz
Butter

Zubereitung

Stelle eine Milch-Eier-Salz-Zuckermischung her und mixe sie. Dann tunke die Brotscheiben in die Flüssigkeit. Schneide die Banane in Scheiben und belege die Brotscheibe damit. Nun eine zweite Toastscheibe durch die Milch-Eier-Masse ziehen und als Deckel obendrauf legen. Nun das Sandwich in etwas Butter beidseitig in der Pfanne anbraten, bis es goldbraun ist.

Vorspeisen

Bruschetta*

Für klassische Bruschetta mit Tomate und Basilikum benötigen wir folgende

Zutaten:

1 altes Ciabatta oder Bauernbrot

500g reife Tomaten

20 Basilikumblätter

1 Zehe Knoblauch

1 Zwiebel

Olivenöl

Balsamico Crema

Pfeffer

Salz

Zubereitung:

Das alte Brot wird für die Bruschetta immer in ca. 2cm dicke Scheiben geschnitten und auf einem mit Backpapier belegten Backblech platziert. Der Backofen sollte auf 200 Grad vorgeheizt werden, um die Brotscheiben auf mittlerer

---

* Eine Vielzahl an Bruschetta-Variationen findest Du ebenfalls in dieser Buchreihe: Capt. Swings Geheime Bibliothek „Das kleine Bruschetta Buch"

Schiene ca. 10 Minuten goldbraun zu rösten. Nach der Hälfte der Backzeit die Brotscheiben wenden.

Es ist auch möglich die Brotscheiben in einer Pfanne mit Olivenöl anzubräunen oder alternativ im Toaster zu rösten.

Während der Röstzeit der Bruschetta, wird die Zwiebel klein gewürfelt, die Tomaten vom Stielansatz befreit und ebenfalls in Würfel geschnitten. Dabei werden die Kerne entnommen, damit das Ganze nicht zu flüssig wird. Das frische Basilikum vom Strauch pflücken und etwas zerrupfen.

Eine Knoblauchzehe zerkleinern und alles in einer Schüssel mit etwas Olivenöl mischen. Mit Pfeffer und Salz abschmecken. Die gebräunten Brotscheiben anschließend mit einer Knoblauchzehe abreiben und auf Tellern anrichten und mit der Tomatenmischung belegen. Mit etwas Balsamico Crema und einem Basilikumblatt garnieren.

Mexikanische Molletes

Das sind überbackene Brötchen mit den typischen Gewürzen aus Mexiko, sowie dem Hauptbestandteil der mexikanischen Küche: Bohnen!

Zutaten

für 4 Personen

4 Brötchen

600g Tomaten

400g schwarze Bohnen (im Glas)

1 Speisezwiebel

1 rote Zwiebel

1 Chilischote

1 Limette

10g Koriander

15g Chipotle Sauce

40g Cheddar-Käse

2 Knoblauchzehen

2 TL Kreuzkümmel

Pfeffer

Salz

Zubereitung

Als erstes den Backofen auf 200 Grad (Ober/Unterhitze) vorheizen. Dann die Speisezwiebel schälen und vierteln. Die schwarzen Bohnen waschen und in einem Sieb abtropfen lassen. Danach den Knoblauch schälen und den Cheddar-Käse reiben. Nun die Bohnen, die Speisezwiebel, den Knoblauch, die Chipotle Sauce und den Kreuzkümmel in einem Mixer pürieren und mit Salz und Pfeffer abschmecken. Die Brötchen halbieren. Jetzt die Bohnenmasse (Frijoles genannt) auf die Brötchenhälften verteilen und mit Cheddar-Käse betreuen. Auf ein mit Backpapier ausgelegtes Backblech geben und 7 Minuten backen. Zwischenzeitlich die Tomaten waschen, entkernen und klein würfeln. Dann die rote Zwiebel schälen und klein würfeln. Die Chilischote waschen entkernen und fein würfeln. Nun den Koriander waschen, trocknen und fein hacken. Die Limette auspressen und den Saft zusammen mit dem Koriander, Chili, den Tomaten und der roten Zwiebel in eine Schüssel geben und mischen. Mit Salz und Pfeffer würzen. Nun die Molletes aus dem Backofen nehmen und mit der

Tomatensalsa belegen. Mit ein paar Koriander-
blättchen garnieren und heiß verzehren.

Tipp: Es gibt bereits fertige Bohnenpaste „Frijoles" zu kaufen. Diese muss nur erhitzt werden
und wird dann auf die Brothälften aufgetragen,
was die Zubereitungszeit verkürzt.

Amerikanische Strata

Die Amerikaner verarbeiten die alten Toastbrot-
reste gerne in einem herzhaften Omelette.

Zutaten

für 4 Personen

4 Scheiben Weißbrot

200g Speckwürfel

150g geriebener Käse

6 Eier

1 l Milch

Pfeffer

Salz

Petersilie

Zubereitung

Die Weißbrotscheiben in Stücke rupfen. Dann die Speckwürfel in einer Pfanne auslassen. In einer Schüssel die Eier mit der Milch verquirlen und kräftig mit Salz und Pfeffer würzen. Die Brotstücke mit der Eiermilch, dem Speck und der Hälfte des Käses vermengen und 30 Minuten im Kühlschrank durchziehen lassen. Währenddessen den Ofen auf 200Grad vorheizen und eine Auflaufform einfetten. Danach die Brot-Ei-Masse in die Form füllen und mit dem restlichen Käse bestreuen. Nun mit Alufolie abdecken und 25 Minuten backen. Danach die Folie entfernen und den Auflauf weitere 15 Minuten in Ofen garen, bis er eine goldbraune Farbe bekommt. Nun aus dem Ofen nehmen und mit etwas Petersilie bestreuen.

Tipp: Schmeckt auch mit Würstchen anstelle Speck

Mediterraner Brotsalat

Ein mediterraner Brotsalat kann eine leichte Vorspeise, sowie eine vollständige Mahlzeit sein. Er stellt ebenfalls eine gelungene sommerliche Beilage zu Fleisch- und Fischgerichten dar.

Zutaten

für 6 Personen

300g altes Ciabatta Brot

250g Kirschtomaten

250g Rucola

150g getrocknete Tomaten in Öl

100g Pinienkerne

1 rote Zwiebel

3-4 Stängel Basilikum

2 Knoblauchzehen

100g Parmesan

10 EL Olivenöl

4 EL Balsamico-Essig

½ TL Honig

½ Zitrone

Pfeffer

Salz

Zubereitung

Vorbereitend werden die Pinienkerne ohne Öl in einer Pfanne goldbraun angeröstet und zum Abkühlen bei Seite gestellt. Das alte Ciabatta Brot muss nun in etwa 1,5 cm dicke Scheiben geschnitten und gewürfelt werden. Dann die Knoblauchzehen schälen und in feine Scheiben schneiden. Nun erhitzt du 3-4 EL Olivenöl in der Pfanne und gibst das klein geschnittene Brot hinein und röstest es ein paar Minuten an, den Knoblauch hinzufügen und fertig rösten bis das Brot kross gebräunt ist.

Die Zwiebel schälen und in Ringe schneiden sowie die Tomaten gewaschen halbieren. Den Rucola ebenfalls waschen und trocken schleudern.

Jetzt noch die getrockneten Tomaten in Öl in feine Streifen schneiden.

Für das Dressing 6 EL Olivenöl mit 4 EL Balsamicoessig verrühren. Eine halbe Zitrone auspressen und den Saft dazugeben. Mit einem halben TL Honig süßen und mit Pfeffer und Salz abschmecken. Nun noch den frischen Parmesan hobeln und die Basilikumblätter abzupfen.

Jetzt alle Zutaten miteinander in einer großen Schüssel vermischen. Kurz vor dem Servieren das Dressing hinzufügen und erneut vermischen.

Als Topping den Parmesan und die Basilikumblätter aufstreuen.

Brezel-Salat

Einen pfiffigen Beitrag zu einem Bayrischen Abend stellt dieser Feldsalat dar.

Zutaten

für 4 Personen

2 altbackene Laugenbrezel

100g Feldsalat

1 rote Paprika

1 gelbe Paprika

1 Bund Frühlingszwiebeln

1 Bund Radieschen

1 EL Senf

1 EL Honig

6 EL Olivenöl

3 EL Weißweinessig

Salz

Pfeffer

Zubereitung

Die Frühlingszwiebeln waschen und in feine Ringe schneiden. Die Radieschen putzen und in Scheiben schneiden. Dann die Paprika waschen, entkernen und in Streifen schneiden. Den Feldsalat waschen und trocken schleudern. Alles zusammen in eine Schüssel geben. Nun den Dressing herstellen indem der Weißweinessig mit dem Senf und dem Honig verrührt wird. Danach mit Pfeffer und Salz würzen und 4 EL Olivenöl unterrühren. Jetzt die Brezeln in dünne Scheiben schneiden und in Olivenöl knusprig rösten. Abschließend die knusprigen Brezeln auf den Salat streuen. Diesen mit dem Dressing übergießen und alles gut durchrühren.

Caesar-Salat

Ein Salat vor oder zu dem Essen, als Hauptspeise oder einfach für zwischendurch. Wer gerne Salat mit vielen Croutons mag, röstet einfach mehr von dem alten Toastbrot an.

Zutaten
für 4 Personen

4 Scheiben altes Toastbrot

2 Romana Salatherzen

2 Sardellenfilets

2 Eigelb

50g Parmesan

1 Knoblauchzehe

1TL Dijonsenf

1EL Worchestershire-Sauce

2EL Zitronensaft

3 EL Olivenöl

120ml Sonnenblumen-Öl

Pfeffer

Salz

Zubereitung

Den Salat waschen und mundgerecht zerkleinern. Vom Toastbrot die Rinde entfernen und in kleine Würfel schneiden. Eine Pfanne mit Olivenöl erhitzen und die Brotwürfel darin zu knusprig anbraten. Die Eigelbe zusammen mit dem geschälten und zerkleinerten Knoblauch, sowie dem Zitronensaft, der Worchestershire-Sauce, dem Senf und den Sardellen in ein hohes Gefäß geben und mit einem Stabmixer pürieren. Nach und nach das Sonnenblumen-Öl einfließen lassen und anschließend mit Pfeffer und Salz abschmecken. Dann den Salat auf Teller verteilen und mit dem Dressing anrichten. Etwas gehobelten Parmesan und die frisch gerösteten Brotcroutons darüber streuen.

Brotsuppe mit Gemüse

Wenn das übrig gebliebene Brot steinhart ist und gar nichts mehr damit anzufangen ist, empfiehlt sich diese eingekochte Brotsuppe.

Zutaten

für 4 Personen

400g altes Bauernbrot, Weißbrot, Brötchen (alle beliebigen Brotreste zusammen verwenden)

2 Zwiebeln

600g Gemüse (Möhren, Lauch, Sellerie, Kohlrabi, grüne Bohnen)

2l Gemüsebrühe

4EL frische Petersilie

2 Knoblauchzehen

7 EL Öl

Pfeffer

Salz

Paprikapulver edelsüß

Zubereitung

Das Brot in ca. 500ml Gemüsebrühe einweichen. Das kann je nach Härte und Brotsorte etwas Zeit in Anspruch nehmen.

Zwischenzeitlich das Gemüse putzen und in kleine Stücke schneiden. Zwiebeln und Knoblauch schälen, klein hacken und anschließend in einer Pfanne mit etwas Öl anschwitzen. Nun mit 1,5l Wasser ablöschen und das Gemüse mit der Petersilie hinzufügen. Mit Paprika und Pfeffer würzen. Das Gemüse einige Zeit kochen lassen, bis es bissfest ist. Danach das eingeweichte Brot hinzugeben und gut verrühren. Eventuell noch etwas Wasser nachgießen, falls die Konsistenz zu dick ist. Die Suppe noch 15 Minuten köcheln lassen und mit Pfeffer und Salz abschmecken.

Nun kann die Brotsuppe püriert werden. Muss aber nicht, denn auch mit Gemüsestücken schmeckt sie lecker.

Fränkische Brotsuppe

Ein typisches Resteessen des bäuerlichen Haushalts aus alter Zeit und noch dazu eine Köstlichkeit.

Zutaten
für 4 Personen

300g altes Landbrot

2-4 kleine Zwiebeln

1 Knoblauchzehen

100g Speck

Griebenschmalz

½ l Rinderbrühe oder Wurstsuppe

Schnittlauch

Kümmel

1 Prise Zucker

Pfeffer

Salz

Zubereitung
Die Brotscheiben in grobe Würfel schneiden und mit ein wenig Schmalz in einer Pfanne rösten. Dann den Knoblauch schälen und fein hacken. Die Zwiebeln schälen, vierteln und in feine Strei-

fen schneiden. Die Speckwürfel in der Pfanne auslassen, die Zwiebeln und den Knoblauch, sowie das geröstete Brot dazu geben. Nun die Mischung auf 4 Tellern verteilen und mit der Fleischbrühe aufgießen. Mit Kümmel, einer Prise Zucker sowie Pfeffer und Salz abschmecken. Etwas fein geschnittenes Schnittlauch zur Garnierung aufstreuen und sofort servieren.

Hauptspeisen

Brotsalat nach fränkischer Art

Diese deftige Variation eines Brotsalates ist eine gute Möglichkeit, gleichzeitig Reste vom Grillabend sowie altes Brot zu verwerten und kann je nach Menge eine herzhafte Vorspeise, Salat als Beilage zum Grillfest oder eine volle Mahlzeit darstellen.

Zutaten

für 2 Personen

8 alte Scheiben dunkles Bauernbrot oder Laugenbrötchen

12 kleine Rostbratwürstchen

2 Bund Radieschen

2 Bund Frühlingszwiebeln

8 Tomaten

1 gelbe Paprika

2 EL Senf

1 Prise Zucker

4 EL Weißweinessig

6 EL Olivenöl

Salz und Pfeffer

Zubereitung

Das Brot würfeln und in einer großen Pfanne knusprig anrösten, dann beiseite stellen. Nun die Bratwürste braten und ebenfalls in kleine Stücke schneiden. Danach die Tomaten und Paprika in kleine Würfel und im Anschluss die Radieschen in Scheiben schneiden. Jetzt noch die Frühlingszwiebeln in Ringe schnippeln und alles zusammen in eine große Schüssel geben. Nun den Salatdressing bestehend aus 6EL Olivenöl und 4 El Weißweinessig, einer Prise Zucker, Salz und Pfeffer anrühren. Diesen kurz vor dem Verzehr dazugeben und kräftig durchmischen. Nach Belieben mit Kräutern garnieren.

Brotsalat mit Kürbis und Halloumi

Dieser extravagante herbstliche Brotsalat bedarf etwas der Vorbereitung. Aber die Mühe lohnt sich!

Zutaten

für 4 Personen

350g altes Weißbrot oder Ciabatta

350g Halloumi Käse

1 ½ Süßkartoffeln

½ Hokkaido Kürbis

4 rote Zwiebeln

2 Knoblauchzehen

2 Zitronen

15g Dill

2EL Weißweinessig

4EL Olivenöl

Pfeffer und Salz

Zubereitung

Den Backofen auf 200Grad Ober/Unterhitze vorheizen und währenddessen den Hokkaido

Kürbis waschen und in 2-3cm breite Spalten schneiden. Die Süßkartoffeln schälen und in mundgerechte Stücke würfeln. Die roten Zwiebeln schälen und ebenfalls in Spalten schneiden. Dann das Gemüse auf einem mit Backpapier belegten Backblech anordnen, mit etwas Olivenöl beträufeln und mit Pfeffer und Salz würzen.

Das Gemüse-Dreierlei 15 Minuten im Ofen garen. In der Zwischenzeit das Brot würfeln und den Halloumi-Käse in Scheiben schneiden. Danach die Zitronen waschen und die Schale abreiben, sowie den Saft auspressen. Die Knoblauchzehen pressen und den Dill fein hacken.

Aus dem Zitronensaft, dem Zitronenabrieb, Knoblauch, Dill, dem Essig und Öl einen Dressing herstellen.

Nun das Backblech aus dem Ofen nehmen und die Brotstücke sowie den Halloumi zwischen das Gemüse legen und weitere 10 Minuten zum Rösten in den Ofen geben.

Danach die bunte Mischung in eine Schüssel geben und mit dem Dressing vermischen. Dieser Brotsalat schmeckt lauwarm am Besten!

Winterlicher Brotsalat

Ein leckerer Salat mit Salami-Chips, Apfel-Senf-Dressing, nussigem Crunch und natürlich knusprigen Brotwürfeln.

Zutaten

für 4 Personen

250g altes Graubrot, Bauernbrot

180g Feldsalat

1 Apfel

400g braune Champignons

160g Salami

80g Cashewkerne, ungesalzen

120ml Apfelsaft

20g Butter

6EL Balsamicoessig

6EL Olivenöl

2TL Dijon Senf

2EL Ahornsirup

2EL Zucker

Salz

Pfeffer

Zubereitung

Den Feldsalat waschen und trocknen. Dann die Champignons putzen und vierteln. Danach die Äpfel waschen, entkernen und in feine Spalten schneiden.

Das Dressing aus Apfelsaft, Balsamicoessig, Ahornsirup, Olivenöl und Senf anrühren und mit Pfeffer und Salz abschmecken.

Den Zucker mit den Cashewkernen in eine kleine Pfanne oder einen Topf geben und leicht karamellisieren lassen. Dann die Nüsse zum Abkühlen auf ein Backpapier legen und im Anschluss grob hacken. Nun die Salami in feine Scheiben und das Brot in mundgerechte Würfel schneiden. Butter in einer Pfanne zerlassen und die Brotstücke darin knusprig anrösten. Jetzt die Salamischeiben hinzugeben und 2 Minuten mitbraten. Danach aus der Pfanne nehmen und auf einem Küchenpapier das Fett abtropfen lassen. Den Feldsalat, die Champignons und die Apfelspalten in eine große Schüssel füllen und mit dem Dressing mischen.

Dann die Salami-Chips und den Cashew-Crunch sowie die Brotwürfel darauf anrichten.

Lablabi - tunesische Brotsuppe

Ein tunesisches Gericht hauptsächlich aus Kichererbsen, Brot und Kreuzkümmel bestehend, hier in Variation mit Thunfisch und Ei.

Zutaten

für 4 Personen

1 altes Fladenbrot oder Baguette

250g Kichererbsen

1 Dose Thunfisch

4 Knoblauchzehen

4 gekochte Eier

1 ½ l Wasser

Harissa

Salz

Pfeffer

Kreuzkümmel

Zitrone

Olivenöl

Zubereitung

Den Knoblauch schälen und pressen. Dann Wasser in einem großen Topf erhitzen und den Knoblauch zusammen mit den Kichererbsen kochen bis diese weich sind. Nun mit etwas Salz, Pfeffer und Kreuzkümmel würzen. Die Eier kochen. Dann das Brot zerkleinern und in vier Schalen aufteilen. Im Anschluß jeweils soviel von der Kichererbsensuppe darüber gießen, dass das Brot bedeckt ist und gut einweichen kann. Dann etwas Harissa und Thunfisch auf die Kichererbsen/Brotsuppe geben und das Ei darauf verteilen. Anschließend alles mit einer Gabel zerkleinern, bis ein grober Brei entsteht. Nach Bedarf nochmals würzen. Mit etwas Olivenöl beträufeln und mit Oliven sowie Zitronenspalten garnieren. Traditionell wird dazu frisches Fladenbrot gereicht, mit dem Lablabi aufgenommen (anstelle eines Löffels) und gegessen wird.

Pizza-Brötchen

wenn es mal schnell gehen muss···

Zutaten
für 3 Personen
3 alte Brötchen
½ Paprika
½ Zwiebel
50g Salami
50g geriebenen Käse
½ EL Tomatenmark
100ml Sahne
1 TL Oregano
Pfeffer, Salz
Basilikum

Zubereitung
Die Paprika waschen, entkernen, die Zwiebel schälen und beides in feine Würfel schneiden. Die Salami in feine Scheiben schneiden und mit der Zwiebel und der Paprika mischen. Nun noch Käse und Oregano dazugeben, alles gut verrühren. Jetzt das Tomatenmark mit der Sahne verquirlen und mit Salz und Pfeffer würzen. Die

Tomatensahne anschießend unter die Paprikamasse mischen und auf den Brötchenhälften verteilen. Die Brötchen auf ein mit Backpapier belegtes Backblech legen und in den auf 200Grad vorgeheizten Backofen schieben. Ein 5-10 Minuten rösten, bis der Käse goldbraun ist. Zum Schluss mit ein paar Basilikumblättchen garnieren.

Einfacher Brotauflauf

Eine einfache Art altes Brot zu einem schnellen Gericht zu verwerten, ist dieser schlichte Brotauflauf mit wenig Zutaten.

Zutaten
für 4 Personen
250g altes Graubrot oder Ciabatta
3 Fleischtomaten
2 Becher Creme fraiche
6 EL Milch
3 Eier

Pfeffer

Salz

5 Stängel Basilikum

50g geriebener Parmesan (bei Bedarf)

Zubereitung

Eine Auflaufform einfetten und den Ofen auf 200 Grad vorheizen. Die Tomaten und das Brot in Scheiben schneiden und abwechselnd in die Form schichten. Nun die Creme fraiche, die Eier und die Milch verrühren und mit Pfeffer und Salz abschmecken. Die Mischung dann über den Auflauf gießen und wer möchte. kann diesen noch mit etwas geriebenem Parmesan bestreuen. Danach 20 Minuten im Ofen garen, bis das Ei gestockt ist und er eine goldbraune Farbe hat. Das Basilikum hacken und über den fertigen Brotauflauf streuen.

Süsser Brotauflauf

Es muss nicht immer herzhaft sein! Besonders Kinder mögen diesen Auflauf der sich zum Mittagessen als Hauptgericht sehen lassen kann.

Zutaten

für 4 Personen

4 Scheiben altes Bauernbrot

150g Beerenmix

3 EL Aprikosenmarmelade

3 Eier

375ml Milch

2 EL Butter 5 EL Zucker

1 Pckg. Vanillezucker

3 EL gemahlene Mandeln

Zubereitung:

Den Backofen auf 180 Grad Ober/Unterhitze vorheizen und eine Auflaufform einfetten. Die Brotscheiben mit Butter und Marmelade bestreichen, in Stücke schneiden und auf eine tiefen Schale oder Backblech legen. Dann die Eier, die Milch, den Vanillezucker und den Zucker in einer anderen Schüssel mixen. Nun die Mandeln unter die Eiermasse heben und verrühren. Etwas Milch/Eiermix über die Brotscheiben gießen und ein paar Minuten ziehen lassen, damit sie sich vollsaugen können. Dann die Brotscheiben in die vorbereitete Auflaufform einschichten und mit der übrigen Milchmischung übergießen. Zum Schluß die Beerenmischung darauf verteilen und das ganze für 40 Minuten im Ofen garen, bis der Brotauflauf goldbraun ist.

Herzhafter Brotauflauf

Hier kann jede Brotsorte verwendet werden, am besten schmeckt es mit einer bunten Brot-Mischung. Mehr Würze erreicht man mit dem Zusatz von Salami oder Cabanossi anstelle des Schinkens.

Zutaten

für 4 Personen

450g altes Brot (Bauernbrot, Weißbrot, Schwarzbrot, gemischt)

200g Schinken (gekocht oder roh)

4 Eier

100g Champignons (Glas)

120g Mais

200ml Sahne

150g Schmand

1TL Gemüsebrühe

½ TL Salz

1 TL Pfeffer

4 EL Petersilie   1 EL Thymian

200g Emmentaler (gerieben)

4 EL Öl

Zubereitung

Den Backofen auf 200 Grad Ober/Unterhitze vorheizen. Das altbackene Brot in 1,5cm große Würfel schneiden. Den Schinken, Thymian und die Petersilie ebenfalls klein schneiden. Die Eier mit dem Schmand und der Sahne verquirlen. Die Gemüsebrühe und die gehackten Kräuter hinzufügen und mit Pfeffer und Salz kräftig würzen. Die Brotwürfel in einer Pfanne mit Öl goldbraun anrösten. Dann eine Auflaufform einfetten und die Brotwürfel darin ausstreuen. Jetzt die Sahnemischung darüber gießen und gut verrühren. Nun die Champignons, die Schinkenwürfel und den Mais darauf verteilen. Zum Schluss den geriebenen Emmentaler Käse darüber streuen und für 25 Minuten in den Backofen geben.

Blumenkohl-Brot-Auflauf

Mit geringem Aufwand und Zutaten zaubert man hiermit ein fleischloses, herbstliches Gericht für wenig Geld.

Zutaten

für 4 Personen

6 Scheiben Vollkornbrot

1 Blumenkohl

250g Lauch oder Zwiebeln

500g Tomaten

1 Bund Schnittlauch

100g Gouda

450g saure Sahne

250ml Wasser

1TL Gemüsebrühe

1 TL Salz

2 TL Kräutersalz

1 TL Paprikapulver

2 EL Öl

Pfeffer und Muskat

Zubereitung

Den Blumenkohl in gesalzener Gemüsebrühe 5 Minuten bissfest kochen. Die Zwiebeln schälen, in feine Ringe schneiden und in Öl 5 Minuten anbraten. Die saure Sahne mit dem geschnittenen Schnittlauch und dem Paprikapulver verrühren. Die Tomaten würfeln. Eine Auflaufform fetten und mit den Brotscheiben auslegen. Dann die Hälfte der Tomatenwürfel und der Zwiebeln darauf verteilen. Mit Pfeffer und Kräutersalz kräftig würzen. Nun den Blumenkohl darauf legen und mit etwas Muskat bestreuen. Dann eine zweite Schicht Tomaten mit Zwiebeln aufschichten und mit Pfeffer und Kräutersalz würzen. Jetzt alles mit der sauren Sahne übergießen und mit dem geriebenen Käse bestreuen. Zum Schluss den Auflauf für 30 Minuten in den auf 200 Grad vorgeheizten Backofen geben.

Käse-Brot-Auflauf

Noch Käse und Schinken vom Racletteabend übrig? Hier wird eine einfache und schnelle Art der Resteverwertung vorgestellt, die noch dazu lecker ist.

Zutaten

für 4 Personen

6 Scheiben Weißbrot

3 Eier

½ l Milch

6 Scheiben Emmentaler

6 Scheiben Schinken

1 EL Schnittlauch

Pfeffer

Salz

Muskat

Öl

Zubereitung

Eine Auflaufform einfetten und den Backofen auf 180 Grad vorheizen. Nun die Brotscheiben in die Form geben und mit den in Stücke zerpflückten Schinken belegen. Obendrauf dann die Käsescheiben legen. Jetzt folgt die nächste Schicht. Erst Brotscheiben, dann den Kochschinken und darüber die Käsescheiben schichten. Als nächstes die Milch mit den Eiern und dem Schnittlauch verquirlen und mit Pfeffer, und Salz kräftig würzen. Die Eimasse mit etwas Muskat abschmecken und über den Auflauf gießen. Danach den Käse-Brot-Auflauf für 30 Minuten in den Ofen schieben.

Brot-Crumble mit Wirsing und Hack

Winterlich, deftig und mit dem gewissen Etwas.

Zutaten

3-4 Scheiben altes Bauernbrot
750g Wirsing
500g gem. Hackfleisch
2 Zwiebeln
100g Butter

200g Schmand
2 TL mittelscharfer Senf
2 EL Öl
Salz
Pfeffer

Zubereitung

Den Wirsing waschen, putzen, dann den Strunk entfernen und die Blätter in Streifen schneiden. Die Zwiebeln schälen und würfeln. Den Backofen auf 200 Grad vorheizen. Nun das Öl in einer Pfanne erhitzen und das Hackfleisch mit den Zwiebeln anbraten. Danach den Kohl dazu geben, mit Salz und Pfeffer würzen und ebenfalls mitbraten. 10 Minuten bei mittlerer Hitze garen, dann mit 200ml Wasser ablöschen. Jetzt mit dem Schmand und Senf verrühren und nochmals mit Salz und Pfeffer abschmecken. Nun in eine gefettete Auflaufform füllen. Das Brot in kleine Stückchen brechen und in einem Topf in etwas Butter schwenken und gut mischen. Dann die gebutterten Brotwürfel auf den Auflauf streuen und diesen 8 Minuten im vorgeheizten Backofen knusprig bräunen.

Strammer Max

Strammer Max ist ein Rezept aus der altdeutschen Hausmannskost und war in früheren Jahren äußerst beliebt, da es sehr sättigend ist, schnell zubereitet werden kann und nur weniger Zutaten bedarf.

Zutaten

für 4 Personen
8 Scheiben Bauernbrot
8 Scheiben gekochter Schinken
8 Eier
4 EL Öl
100 g Butter
4 Gewürzgurken
1 Bund Schnittlauch

Zubereitung

Die Brotscheiben mit Butter beidseitig bestreichen und in einer Pfanne knusprig anbraten. Darauf wird dann der Schinken gelegt. Anschließend in der Pfanne in etwas Öl die Spiegeleier braten. Jede Scheibe wird mit einem

Spiegelei belegt. Nun noch Schnittlauch in feine Röllchen schneiden und über den Strammen Max streuen sowie mit Pfeffer und Salz würzen. Abschließend noch die Gewürzgurke in feine Streifen schneiden und die Brotscheibe dekorativ damit garnieren.

Tipp: Man kann anstatt gekochtem Schinken ebenso geräucherten Schinken verwenden. Auch eine Käsescheibe zum Überbacken kann hinzugefügt werden. Wer keine Gurken mag, kann Paprikastreifen als Topping nehmen.

Brot-Gnocchi mit Spinat

Diese italienische Spezialität stammt aus Südtirol und heißt dort „Strangula Preti" und lässt sich einfach zubereiten.

Zutaten
für 4 Personen
350g Weißbrot
500g Blattspinat

150ml Milch

2 Eier

2EL Mehl

12 Salbeiblätter

2 Prisen Muskatnuss

50g Parmesan

50g Butter

Salz

Pfeffer

Zubereitung

Das Weißbrot klein würfeln, in warmer Milch einlegen und gut durchweichen lassen. Zwischenzeitlich den Spinat waschen und in kochendem
Salzwasser 2-3 Minuten blanchieren. Danach
gut abtropfen und klein schneiden. Nun das
Mehl, die Eier und den Spinat mit dem eingeweichten Brot verkneten und mit etwas Muskatnuss, Salz und Pfeffer würzen. Die Masse muss
gut knetbar sein. Sollte sie zu flüssig sein, etwas
mehr Mehl hinzufügen. Aus dem Teig eine Wurst
rollen und in kleine Gnocchi schneiden. Nun die
Spinat-Brot-Gnocchi in kochendes Salzwasser
geben und 5 Minuten bei kleiner Hitze ziehen
lassen. In der Zwischenzeit den Parmesan reiben

und in einer Pfanne Butter erwärmen, um die Salbeiblätter darin anzubräunen. Wenn die Gnocchi gar sind schwimmen sie nach oben, dann mit einer Schaumkelle herausnehmen und kurz in der Salbeibutter schwenken. Zum Schluss mit Parmesan bestreuen.

Brot-Nudeln

Dieses Nudelgericht wird mit einem raffinierten Brotpesto gereicht.

Zutaten
für 4 Personen
4 Scheiben altes Brot (Mischbrot, Roggen-brot, Weißbrot)
400g Nudeln
160g getrocknete Tomaten in Öl
2 Zwiebeln
200g Rucola
4 Knoblauchzehen
2EL Basalmico
4EL Olivenöl

60g Parmesan
4EL Sonnenblumenkerne
Salz
Cayennepfeffer
Chili n. Bedarf
Milch n. Bedarf

Zubereitung

Die Nudeln nach Packungsangabe in Salzwasser al dente kochen. Die Brotscheiben klein schneiden und in Olivenöl knusprig anbraten. Danach in einem Mixer zerkleinern. Dann die Zwiebeln und den Knoblauch schälen und klein hacken. Die Chili und die getrockneten Tomaten ebenfalls fein hacken. Dann die Zwiebeln, den Knoblauch, die Chili mit den Tomaten anbraten bis die Zwiebeln leicht gebräunt sind. Nun das gehäckselte Brot dazugeben und verrühren. Jetzt noch den Rucola, den Parmesan und Balsamicoessig hinzufügen und gut vermischen. Sollte die Paste zu fest sein, mit etwas Milch verdünnen bis die gewünschte Sämigkeit erreicht ist. Nun mit Salz und Cayennepfeffer abschmecken. Das Pesto zum Schluss unter die heißen Nudeln mischen und mit Sonnenblumenkernen bestreuen.

Herzhafte Brottorte

Eine Brottorte ist ein absoluter Hingucker und unbedingt partytauglich. Sie ist in ihrer Füllung und Form variabel.

Zutaten

1 altes Kastenbrot (Vollkorntoast, Weißbrot)

500g Frischkäse natur

150g Eieraufstrich

2 hart gekochte Eier

150g Thunfischaufstrich

150g Schinkenaufstrich

150g Käseaufstrich

2EL Sahne

Schnittlauch

100g geriebener Käse

150g Kochschinken

150g Emmentaler oder Gouda

150g roher Schinken

saure Gurken

1 rote Paprika

Salatgurke

ein paar Blätter Eisbergsalat

Zubereitung

Eine Kastenform mit Frischhaltefolie auslegen. Dann die Ränder vom Toastbrot abschneiden und die erste Schicht in die Auflaufform einpassen. Dazu muss das Brot mit einem scharfen Messer passend zugeschnitten werden. Nun das Brot mit einer dünnen Schicht Eiersalat bestreichen, dann etwas Eisbergsalat darüber legen und nochmals etwas Eiersalat. Die nächste Schicht Brot folgt und darauf den Thunfischsalat streichen. Die in Scheiben geschnittenen Eier darauf verteilen. Wieder eine Schicht Brot darüber und diese mit Schinkenaufstrich belegen und den geriebenen Käse darüber streuen. Wieder mit einer Brotschicht abschließen und den Brotkuchen für 1-2 Stunden kühlen. Dann den Kuchen vorsichtig aus der Form stürzen. Die Sahne mit dem Frischkäse glatt rühren und den Brotkuchen rundherum damit bestreichen. Die Oberfläche nun mit Schinkenröllchen, Käseröllchen, Gurken, Paprika und Schnittlauchröllchen nach Lust und Laune garnieren.

Tipp: Anstelle von Aufstrichen, kann man auch Wurst oder Käse zwischen die Toastbrotscheiben schichten. Allerdings sollte man darauf achten, dass keine Tomaten oder Gurken direkten Brotkontakt haben, sondern immer Schinken, Frischkäse oder Käse dazwischen liegt, sonst weicht der Brotkuchen zu sehr auf.

Zudem funktioniert die Brottorte auch mit einem Kugelbrot, indem man den Deckel abschneidet sowie die rundlichen Ränder und das Brot waagerecht mehrfach teilt, sodass man mehrere Brotplatten erhält.

Mediterrane Brotreste-Frittata

Eine tolle Idee Brotreste sowie überfälliges Gemüse schmackhaft zu verwerten. Schmeckt auch zum Frühstück!

Zutaten

für 4 Personen

300g Brotreste (Vollkorn, Bauernbrot, Baguette, Brötchen, Pumpernickel)

2 rote Zwiebeln

12 Eier

20 schwarze Oliven

4 Tomaten

4 EL Olivenöl

60g Parmesan

4 Zweige Oregano

Pfeffer

Salz

Zubereitung:

Den Backofen auf 200 Grad vorheizen. Das Brot in mundgerechte Würfel und die roten Zwiebeln schälen und in feine Ringe schneiden. Die Eier in einer Schüssel verquirlen und mit Pfeffer und Salz würzen. Die Tomaten und die Oliven in Scheiben schneiden. Etwas Olivenöl in einer Pfanne erhitzen und die Brotwürfel mit den Zwiebelringen bei mittlerer Hitze anrösten. Nun die Eiermasse über die das Brot in die Pfanne gießen und mit Tomaten und Oliven belegen. Die Pfanne vom Herd nehmen und 5 Minuten stocken lassen. Dann die Pfanne in den Ofen schieben und 15 Minuten backen, bis das Ei völlig gestockt ist. Anschließend Parmesan und Oreganoblättchen bestreuen.

Variation: Anstelle bzw. zusätzlich zu den Tomaten kann auch Zucchini, Champignons und Paprika verwendet werden. Bei Bedarf können auch Kapern, Peperoni, Sardellen oder Chili hinzugefügt werden. Die Frittata schmeckt auch mit Mozarella oder Feta Käse, sowie anderen Kräutern z.B. Thymian, Basilikum, Kerbel, Petersilie, Schnittlauch. Eine Frittata kann also beliebig variiert oder erweitert werden.

Brot-Paprika-Pfanne

Hier darf der Ofen mal kalt bleiben und alles an überfälligem Paprikagemüse kann verwertet werden.

Zutaten

für 4 Personen

4 Scheiben altes Brot (Roggenbrot, Mischbrot,Vollkornbrot)

4 Eier

250ml Milch

6 Paprikaschoten (rot, gelb, grün)

2 rote Zwiebeln

4 Knoblauchzehen

200g geriebener Bergkäse

4 EL Öl

Salz

Pfeffer

Paprika

Zubereitung

Die Zwiebeln und den Knoblauch schälen. Die Paprika waschen und das Kerngehäuse entfernen. Alles in kleine Würfel schneiden. Die Eier mit der Milch verrühren und mit Paprika, Pfeffer und Salz kräftig abschmecken. Das alte Brot in mundgerechte Stücke schneiden und in der Eiermasse wälzen. Anschließend die Zwiebeln, Knoblauch und den Paprika in heißem Öl in der Pfanne anbraten. Danach die eingeweichten Brotwürfel dazu geben und knusprig anrösten. Zum Schluss den geriebenen Käse unterheben.

Variation: Wer keine Paprika mag, kann man auch Erbsen, Möhren und Mais verwenden.

Brotküchlein

Je nach Brotsorte oder Körnung (Sesam, Kürbiskerne) verändert sich der Geschmack der Brotküchlein! Alte Laugenstangen können hier ebenfalls köstlich in der Kombination mit Käse Verwendung finden.

Zutaten

für 4 Personen

250g Brot (Laugenstangen, Weißbrot, Mischbrot)

300ml Milch

100g Haferflocken

1 Ei

1 rote Paprikaschote

1 Zwiebel

1 Knoblauchzehe

Pfeffer

Salz

Majoran

Thymian

Oregano

2 EL Öl evtl. Reibekäse

Zubereitung

Die Milch in einem Topf erwärmen und die Haferflocken hinzufügen. Das Brot in mundgerechte Stücke schneiden und in etwas Wasser einweichen. Dann gut ausdrücken und mit den ebenfalls eingeweichten Haferflocken mischen. Das Ei dazu geben und alles gut vermengen. Die Paprika entkernen und zerkleinern und die Zwiebel und den Knoblauch schälen und würfeln. Dann das Gemüse mit etwas Öl in einer Pfanne anbraten und danach in die Brotmasse einrühren. Nun noch Kräuter nach Belieben hinzufügen, wie Thymian, Majoran und Oregano. Jetzt ca. 8cm große, flache Küchlein daraus formen und in einer Pfanne mit Öl beidseitig anbraten, bis sie goldbraun sind. Sollte die Masse zu weich sein, etwas Paniermehl hinzugeben.

Variation: Wer mag, mischt noch geriebenen Käse unter die Masse, wie z.B. Emmentaler oder Gouda.

Brotlinge

Ein Brotling ist eine Art Brotpuffer und ist super schnell gemacht. Der Geschmack kann durch die Zugabe von unterschiedlichen Gewürzen oder Kräutern variiert werden.

Zutaten

für 4 Personen

400g altes Brot (Mischbrot, Graubrot, Weißbrot)

2 Zwiebeln

7 EL Semmelbrösel

2 Hände voll Petersilie

4 EL Öl

2 EL Paprikapulver

Zubereitung

Das Brot in Würfel schneiden und in einer Schüssel in warmem Wasser aufweichen. Nun die Flüssigkeit aus den eingeweichten Brotstücken auspressen oder durch ein Sieb streichen. Die Zwiebeln schälen und klein würfeln und mit den Semmelbröseln unter die Brotmasse mischen. Nun nach Belieben Petersilie oder andere Kräuter hinzufügen und gut verkneten. Mit Pfeffer und Salz abschmecken. Sollte die Masse zu weich oder flüssig sein, etwas mehr Semmelbrösel hinzufügen, so dass sich leicht kleine Puffer daraus formen lassen. Diese dann in einer Pfanne mit Öl beidseitig anbraten, bis sie eine angenehme Bräune haben.

Varitation: Brotlinge schmecken auch sehr gut mit Kapern, Oliven und/oder getrockneten Tomaten, ebenso mit fein gehacktem Rucola oder Spinat.

Klassische Brotfrikadellen

Zur vegetarischen Frikadelle aus Brötchen passt gut ein knackiger Salat und ein leckerer Dip.

Zutaten

für 4 Personen

3 alte Brötchen

200ml Milch

100g Gouda

1 Knoblauchzehe

½ Bund Petersilie

1 Ei

½ TL Pfeffer

1 TL Salz

½ TL Chilipulver

1 EL Mehl

6 EL Sonnenblumenöl

Zubereitung

Die Brötchen in Würfel schneiden und in einer Schüssel in warmer Milch einweichen. Währenddessen den Knoblauch schälen und fein würfeln. Dann die Petersilie waschen und klein hacken.

Nun die Flüssigkeit aus dem eingeweichten Brötchenteig abgießen und ausdrücken. Dann die Petersilie sowie den Knoblauch und alle anderen Zutaten untermischen, alles gut verkneten. Den Brotteig dann für 2 Stunden kühlen. Danach mit angefeuchteten Händen aus der Brotmasse Frikadellen formen. Anschließend Öl in eine Pfanne geben und die Frikadellen beidseitig vorsichtig anbraten. Nicht zu oft wenden, damit sie nicht auseinander fallen. Zum Schluss auf ein Küchenkrepp legen, damit das Fett abtropfen kann. Dazu passen sehr gut selbst gemachte Pommes frites und ein frischer Gurkensalat.

Semmelknödel

Semmelknödel sind eine Spezialität der süddeutschen und österreichischen Küche und eine tolle Beilage zu Braten, Gulasch oder als vegetarisches Menü mit Rahmmöhren.

Zutaten

für 8 Personen

500g altes Weißbrot oder Brötchen

2 Eier

1 Zwiebel

3 EL Mehl

½ l Milch

1 Bund Petersilie

1 Prise Salz

1 Prise Pfeffer

1 Prise Muskat

1 TL Butter

Zubereitung

Zuerst die Brötchen bzw. das Weißbrot in max. 1cm breite Streifen schneiden und diese in eine Schüssel mit warmer Milch einlegen. Das Brot

45 Minuten einweichen lassen. Dann die Eier verquirlen, das gehackte Petersilie hinzufügen und mit Salz, Pfeffer und Muskat abschmecken. Nun die Zwiebel schälen und klein hacken. Anschließend in einer Pfanne in etwas Butter andünsten, aber nicht bräunen. Danach ebenfalls in die Brotmasse geben und gut verkneten. Nun die Hände bemehlen und aus dem Teig beliebig große Knödel bilden. Fest zusammendrücken und Kugeln formen. Dann einen Topf mit Salzwasser aufsetzen und die Semmelknödel in dem heißen Wasser 15-20 Minuten ziehen lassen. Wenn sie gar sind, steigen sie nach oben, dann mit einer Schaumkelle herausnehmen.

Tipp: Bei einer Feierlichkeit kann man aus dem Teig auch einen Gugelhupf zaubern. Einfach Teig für 12 Personen fertigen und in eine gefettete Gugelhupfform füllen. Dann im Backofen bei 180 Grad Unter/Oberhitze 45 Minuten garen.

Serviettenknödel

Serviettenknödel entspringen der mitteleuropäischen Küche und wurden in früheren Zeiten als Beilage zu Hochzeitsbraten gereicht. Diese können jedoch auch eine vollständige Mahlzeit, zum Beispiel gebraten mit Pilzrahmragout darstellen.

Zutaten

für 4 Personen

200g alte Brötchen

300ml Milch

3 Eier

1 Zwiebel

7 EL Butter

1 Prise Pfeffer

1 Prise Muskat

1 Prise Salz

Zubereitung

Die alten Brötchen in Würfel schneiden und zerlassene Butter darüber gießen. Dann die Zwiebel schälen fein würfeln und in einer Pfanne mit etwas Butter anbraten und unter die Brötchenwürfel mengen. Nun die Eier mit der Milch verquirlen und mit Salz, Pfeffer und Muskat würzen. Dann über das Brot gießen und 30 Minuten ziehen lassen. Danach mit befeuchteten Händen eine Rolle aus dem Teig formen. Eine angefeuchtete Stoffserviette um die Rolle wickeln und die Enden mit Garn zusammenbinden. Nun einen großen Topf mit Salzwasser zum Kochen bringen und die Rolle ins Wasser hängen. Dann 35 Minuten köcheln lassen und danach vorsichtig auswickeln und in 1cm dicke Scheiben schneiden.

Kaspressknödel

Kaspressknödel sind flach gepresste Semmelknödel aus der westösterreichischen Küche mit regionalem Käse und Zwiebel. Sie werden gerne als Suppeneinlage verwendet oder in Schmand ausgebacken und mit Sauerkraut serviert.

Zutaten

für 4 Personen

250g alte Brötchen oder Weißbrot

125ml Milch

4 Eier

50g Zwiebeln

50g Butter

250g Bergkäse, Bierkäse oder Graukäse

1 Bund Schnittlauch

1 Bund Petersilie

50g Mehl

1 Prise Salz

Öl

Zubereitung

Die altbackenen Brötchen in Würfel schneiden und in warmer Milch einweichen. Währenddessen den Schnittlauch und das Petersilie waschen und hacken. Dann den Käse klein schneiden und die Zwiebeln schälen und ebenfalls würfeln. Danach die Zwiebel in etwas Öl glasig dünsten und zu den Brotwürfeln geben. Anschließend den Käse, die Kräuter und das Mehl zu dem Brotteig geben und verkneten. Mit Salz würzen. Dann eine

Pfanne mit Öl erhitzen und mit einem Esslöffel kleine Teighäufchen in die Pfanne geben und flach drücken und beidseitig goldbraun rösten.

Tiroler Speckknödel

Diese Knödelvariante mit Speck eignet sich als Suppeneinlage sowie als Hauptspeise mit Kraut.

Zutaten

für 6 Personen

350 g Weißbrot oder Brötchen

100g Speck

4 Eier

100g Bergsteigerwurst (oder Kaminwurzen)

200ml Milch

1 Zwiebel

1 TL Petersilie

Schnittlauch

Salz

Muskat

80g Mehl

20g Butter

Zubereitung

Das Brot in Würfel schneiden. Die Milch mit den Eiern verquirlen und die Brotwürfel 30 Minuten darin einweichen. In dieser Zeit Petersilie und Schnittlauch fein hacken, die Zwiebel schälen und klein würfeln sowie die Bergsteigerwurst bzw Kaminwurzen und den Speck klein schneiden. Nun Butter in einer Pfanne zerlassen und die Wurst und den Speck mit den Kräutern und der Zwiebel darin anbraten. Mit Salz und Muskatnuss abschmecken. Anschließend etwas Mehl darüber stäuben und nun mit dem eingeweichten Brot kräftig verkneten. Aus der entstandenen Masse mit angefeuchteten Händen Knödel in gewünschter Größe formen. Es empfiehlt sich erst einen Probeknödel in Salzwasser zu garen, um die Konsistenz zu prüfen. Sollte dieser zerfallen, muss mehr Mehl unter die Masse. Die Tiroler Speckknödel dann 15 Minuten in Salzwasser garen und mit Schnittlauchröllchen garnieren.

Appenzeller Brotkas

Genau das Richtige nach harter Arbeit.

Zutaten

für 6 Personen
400g altes Brot (Roggenbrot, Mischbrot)
400g Käse (Appenzeller oder ähnlicher Hartkäse)
10ml Sahne
80g Butter
1 Bund Schnittlauch
Pfeffer
Muskatnuss

Zubereitung

Das Brot würfeln, den Schnittlauch in Röllchen schneiden und den Käse reiben. Dann das Brot in geschmolzener Butter anrösten bis es knusprig ist. Im Anschluss den Käse darüber geben und einen Schuss Sahne dazu gießen. Die Brotwürfel hin und her wenden, damit sich die Käsesahne gut verteilen kann. Mit etwas Muskatnuss und Pfeffer abschmecken. Abschließend mit Schnittlauchröllchen garnieren.

Dessert

Fruity Breadpudding

Angelehnt an das traditionell britische Vorbild eines Brotpuddings.

Zutaten

für 4 Personen

1 Laib altes Brot

2 Bananen

3 Äpfel

1 Zitrone

½ l Milch

Zimt

40g Zucker

Ingwer

Zubereitung

Den Backofen auf 190 Grad vorheizen. Das Brot in Scheiben schneiden und in eine Schüssel mit warmer Milch legen, bis es sich vollgesogen hat. Währenddessen die Äpfel reiben. Dann die Zitrone auspressen und den Saft zu dem geriebenen Apfel dazu geben. Den Ingwer reiben. Die Bananen zerdrücken, bis ein feiner Püree entstanden ist. Ein paar Scheiben Banane zur Garnierung aufbewahren. Nun das Brot, die Äpfel, den Bananenmus, den Ingwer, den Zucker und den Zimt in einer Schüssel vermischen und gut verkneten.

Die Mischung sollte nicht flüssig sein, aber feucht. Dann eine Auflaufform einfetten, die Masse einfüllen und die Bananenscheiben zur Garnierung oben drauf legen. Den Fruity Breadpudding nun für 30 Minuten im Ofen garen.

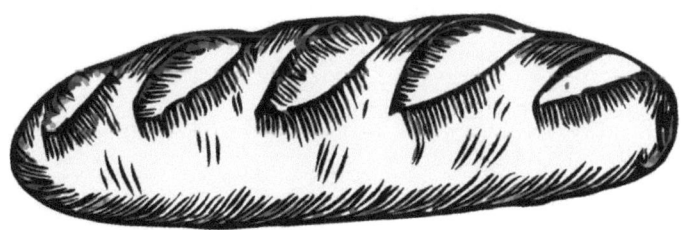

Süsse Apfelknödel

Dieser winterliche Dessert ist eine köstliche Semmelknödelvariation mit Apfel und Zimt.

Zutaten

für 4 Personen

250g Weißbrot oder Toastbrot

2 Äpfel

200ml Milch

3 Eier

150g Zucker

60g Butter

50g Mehl

½ Zitrone

1 EL Vanillezucker

1 Prise Salz

Für die Zimtbrösel:

100g Zucker

100g Semmelbrösel

100g Butter

1 TL Zimt

Zubereitung

Die Brötchen in Würfel schneiden und zerlassene Butter über diese geben. Milch, Eier, Zucker und Vanillezucker schaumig rühren und über die Brotwürfel gießen. Alles gut umrühren. Nun die Äpfel schälen, mit einer Reibe fein reiben und mit Zitronensaft beträufeln. Anschließend den geriebenen Apfel unter die Brotmasse mischen und 15 Minuten ruhen lassen. Danach das Mehl hinzufügen und den Brotteig gut kneten. Jetzt mit angefeuchteten Händen kleine Semmelknödel aus dem Teig formen. Nun in einem Dampfgarer die Knödel 15-20 Minuten garen. In der Zwischenzeit

Butter in einer Pfanne erhitzen und etwas von dem Zucker einstreuen, kurz karamellisieren lassen. Dann die Semmelbrösel, den Zimt und den restlichen Zucker beigeben, gut rühren und vom Herd nehmen. Die fertigen Knödel durch die Zimt-Zucker-Brösel wälzen und mit den restlichen Bröseln bestreut anrichten.

Kirschenmichel

Der Kirschenmichel ist eine traditionelle Süßspeise aus der süddeutschen Küche und kann als Dessert sowie als süßes Hauptgericht dienen.

Zutaten

für 6 Personen

6 Brötchen

1l Milch

3 Eier

½ Packg. Vanillepudding

800g entsteinte Kirschen

50g Butter

60g Zucker

1TL Zitronenabrieb

1TL Zimt

2EL Zucker

Zubereitung

Den Backofen auf 200 Grad Ober/Unterhitze vorheizen. Die alten Brötchen in Scheiben schneiden und in ½ l warmer Milch einlegen und ziehen lassen, bis sie durchgeweicht sind. Die Kirschen abtropfen lassen. Die Eier trennen und die Eigelbe mit dem Zucker, 30g der Butter und der Zitronenschale schaumig schlagen. Die Eiermasse zu den eingeweichten Brötchen dazu geben und kräftig mischen. Nun die Kirschen hinzufügen, das Eiweiß steif schlagen und ebenfalls unterheben. Eine Auflaufform einfetten und die Eier-Brot-Kirsch-Masse einfüllen. Die restliche Butter in Flöckchen auf den Auflauf legen und etwas Zimt darüber streuen. Nun den Kirschenmichel für 45 Minuten auf mittlerer Schiene im Ofen garen.

Währenddessen das Puddingpulver mit 2 EL Zucker nach Packungsangabe mit etwas von der verbliebenen Milch anrühren. Dann die übrige Milch aufkochen, das Puddingpulver hinzufügen und eine Vanillesoße herstellen. Anschließend mit dem fertigen Kirschenmichel servieren.

Brot-Dessert mit Johannisbeerschaum

Dieser Dessert stammt aus dem Burgund und wird mit süßen Brotresten zubereitet. Vielleicht ist noch ein Marmorkuchen von der letzten Woche übrig? Oder der Zopf vom Wochenende ist schon hart? Dann nichts wie los, hier ist das passende Rezept!

Zutaten

für 4 Personen

250g altes süßes Brot (Hefezopf, Brioche, Kuchenreste)

4 Eier 1l Milch

1 Packg. Vanillepudding

100g Rohrzucker

80g gehackte Nüsse

Butter

Für den Johannisbeerschaum:

4 Eiweiß

120g Zucker

200g rote Johannisbeeren

Zubereitung

Den Backofen auf 200 Grad vorheizen. Die Brot-
oder Kuchenreste würfeln und die gehackten
Nüsse in einer Pfanne leicht anrösten. Das Pud-
dingpulver nach Packungsanleitung mit Milch
anrühren und der restlichen Milch aufkochen.
Während die Vanillesoße abkühlt, werden die
Eier mit dem Rohrzucker schaumig geschlagen.
Dann einige Löffel der heißen Milch in die Eier-
Zucker-Masse einrühren und nach und nach den
Rest unter Rühren einfließen lassen. Im Anschluss die Brot- oder Kuchenstücke sowie die
Nüsse hinzufügen. Nun eine Auflaufform einfetten und die Mischung einfüllen. Den Dessert für
30 Minuten im Backofen backen, evtl. mit Alufolie abdecken, um eine zu starke Bräunung zu
verhindern.

Währenddessen die Eier trennen und das Eiweiß
ganz steif schlagen. Langsam den Zucker einrieseln lassen und gut unterrühren. Die Johannisbeeren waschen, verlesen und mit einer Gabel
zerdrücken und unter den Eischnee heben. Den
fertigen Brotdessert aus dem Ofen nehmen und
mit einer Portion Johannisbeerschaum servieren.

Brotwaffeln

Hier werden Waffeln einmal anders zubereitet und gleichzeitig altes Brot verwertet.

Zutaten

für 6 Personen
110g trockenes hartes Vollkornbrot
3 Eier
100g Butter
150ml Milch
1TL Backpulver
50g Kokosblütensirup
Kokosfett

Zubereitung

Das Waffeleisen vorheizen. Das trockene Vollkornbrot zu Mehl reiben. Die Eier mit der Butter schaumig schlagen und die Milch und den Kokosblütensirup hinzufügen. Das Mehl mit dem Backpulver mischen und der Eier-Milch-Masse beifügen. Nun alles gut verrühren. Der Teig sollte cremig sein und nicht zu dünnflüssig. Das Waffeleisen mit Kokosfett einreiben und mit einer Schöpfkelle Teig auf das heiße Waffeleisen geben. Backen bis die

Waffeln goldbraun sind. Als Topping passt dazu ein Beerenmix und/oder eine Kugel Vanilleeis.

Schwarzbrot-Preiselbeer-Torte

Diese Torte ist etwas arbeits- und zeitaufwendiger, aber der Mühe allemal wert.

Zutaten

für 16 Stück

250g altes Schwarzbrot

6 Eier

370ml Wildpreiselbeeren im Glas

400ml Schlagsahne

275g Zucker

100g geraspelte Zartbitterschokolade

50g Mehl

3TL Backpulver

1 EL Kakaopulver

1 Prise Salz

EL Rum und 4 Blatt weiße Gelatine

Zubereitung

Aus einer Scheibe Schwarzbrot 2 Kreise a 4cm Durchmesser ausstechen und das restliche Schwarzbrot entrinden und reiben. Das geriebene Brot mit 50g der Zartbitterschokolade, Kakao, Mehl und Backpulver mischen. Dann die Eier trennen und das Eiweiß mit etwas Salz und 2 EL Wasser steif schlagen. Nun 250g des Zuckers nach und nach einrieseln lassen und verrühren. Anschließend das Eigelb und den Rum unterziehen. Danach die Brotmasse unterheben. Alles gut mischen. Eine Springform mit Backpapier auskleiden und den Teig einfüllen und glatt streichen. Den Teig in den auf 175Grad vorgeheizten Backofen schieben und auf der mittleren Schiene 45 Minuten backen. Währenddessen die Preiselbeeren abtropfen lassen und Gelatine in kaltem Wasser einweichen. 300ml Sahne steif schlagen und den restlichen Zucker langsam hinzugeben. Die Gelatine ausdrücken und bei schwacher Hitze auflösen, dann unter die Sahne mischen. Danach 2/3 der Preiselbeeren unter die Sahne heben. Wenn der Schwarzbrotboden fertig gebacken und etwas abgekühlt ist, zweimal vorsichtig horizontal durchschneiden. Den untersten Boden auf eine Tortenplatte legen und die Hälfte der Preiselbeersahne auftragen. Dann den mittleren Boden auflegen und mit der anderen Hälfte der Preiselbeersahne bestreichen. Den oberen Boden auflegen. Nun die Torte für mindestens eine Stunde kühlen. Derweil die restliche Sahne steif schlagen. Danach die Torte am Rand mit Sahne einstreichen und den Rest in eine Spritztülle füllen, um damit kleine Tuffs in kreisförmiger Anordnung auf der Tortenoberfläche aufzuspritzen. Die zwei Schwarzbrottaler achteln und auf die Sahnekleckse zum Verzieren aufsetzen. Zum Schluss noch die restlichen Preiselbeeren zur Garnierung anordnen und die übrige Zartbitterschokolade auf die Sahne am Rand aufstreuen.

Stracciatella-Brotkuchen

Dieser Brotkuchen zeigt sich von seiner Schokoladenseite.

Zutaten

für 6 Personen

320g sehr altbackenes Brot

100g dunkle Schokolade

100g helle Schokolade

6 Eier

700ml Milch

60g Zucker

Butter

Zubereitung

Den Ofen auf 200Grad vorheizen. Die Eier mit der Milch und dem Zucker gut verrühren und über das klein gewürfelte Brot gießen. Die Schokolade hacken oder klein schneiden. Nun eine Backform 20x30 cm mit Backpapier auslegen. Wenn das Brot gut durchgeweicht ist, die Schokolade unterheben und gut mischen. Nun den Teig in die Form geben, ein paar Butterflöckchen darauf verteilen und 30-40 Minuten im Ofen backen.

Englischer Brotpudding – Der Klassiker

Brotpudding ist nicht nur in England zu Hause. Man bereitet ihn auch in anderen europäischen Ländern zu, sowie außerhalb Europas. Man kennt diese Art von Brotverwertung schon seit Jahrhunderten in vielen Variationen.

Zutaten

für 4 Personen
170g alte Brötchen (oder Hefezopf)
800ml Milch
4 Eier
90g Butter
100g Zucker
1 Vanilleschote

Zubereitung

Den Backofen auf 180 Grad vorheizen. Die Brötchen in mundgerechte Stücke schneiden. Dann eine Vanilleschote längs aufschneiden und das Mark herauskratzen. Nun die Milch mit dem Vanillemark, samt der Vanilleschote zum kochen bringen. Den Topf vom Herd nehmen und die Schote entnehmen. Dann ein Auflaufform einfetten und die Brötchenwürfel einfüllen. Die Eier mit dem Zucker aufschlagen und mit der Vanillemilch mischen. Diese dann über die Brotwürfel gießen. Den Auflauf mit Alufolie abdecken. Als nächstes ein ofenfestes Gefäß mit einem Küchentuch auslegen und die Auflaufform hineinstellen. Dann Wasser in das Gefäß füllen, so dass die Auflaufform bis zur Hälfte im Wasserbad steht. Den Brotpudding nun 60 Minuten bei Ober/Unterhitze auf mittlerer Schiene stocken lassen.

Brot-Schoggiguetzli

Leckere Plätzchen entstehen bei dieser sinnvollen Resteverwertung des altbackenen Brotes.

Zutaten

für 25-20 Stück
100g altbackenes Brot
100g Butter
100g Zartbitterschokolade
2-3 Eier
50g Rohrzucker
grobes Meersalz

Zubereitung

Den Ofen auf 200Grad Ober/Unterhitze vorheizen. Butter in einer Pfanne zergehen lassen, auf kleinste Stufe stellen und die Zartbitterschokolade hinzufügen und ebenfalls schmelzen lassen. Brot klein schneiden und in einem Mixer zu Brotkrumen zerkleinern. Die Brösel in eine Schüssel geben und mit den Eiern und dem Zucker vermischen. Nun die Schokoladenmischung hinzufügen und alles mixen. Mit zwei Teelöffeln 3-4 cm große Häufchen auf das mit Backpapier belegte

Backblech setzen und diese 8-10 Minuten backen. Nicht zu dicht aneinander setzen, da diese zerlaufen. Die fertigen Schoggiguetzli mit etwas Meersalz bestreuen und auf dem Backblech auskühlen lassen.

Brot-Pfannkuchen

Pfannkuchen ist bekannt – aber diesmal mit Brot und leckeren Rum-Rosinen!

Zutaten
für 2 Personen

600g altes Brot oder Brötchen

250ml Milch

3 Eier

100g Zucker

75g Rosinen

75g Korinthen

1EL Zimt

5EL Rum

1EL Butter

Zubereitung

Die Korinthen und die Rosinen für 1 Stunde in Rum einlegen. Unterdessen die Brötchen würfeln und in Milch einweichen. Nach etwa 30 Minuten das Brot mit einem Schaumlöffel aus der Milch nehmen und mit einem Mixer zu einem glatten Teig verarbeiten, der nicht zu nass sein sollte. Jetzt den Zimt, den Zucker und die Eier zum Brotteig geben und alles gut verkneten. Die Rosinen und Korinthen aus dem Rum nehmen, gut abtropfen lassen und ebenfalls unter den Teig heben. Als nächstes eine Pfanne erhitzen, buttern und den gesamten Teig einfüllen. Diesen gleichmäßig in der Pfanne verteilen. Nun die Masse bei niedriger Hitze etwa 10-15 Minuten backen, wie einen Pfannkuchen. Einmal wenden. Den goldbraunen Brotpfannkuchen mit Ahornsirup, Honig oder Marmelade servieren.

Die 40 besten Rezepte

Bruschetta war in früheren Zeiten ein „Arme-Leute-Essen"
und ist ein italienisches Antipasti.
Es gibt unzählige Variationsmöglichkeiten von einfach bis
extravagant, von traditionellen bis hin zu Gourmet-Cros-
tinis.

Du kennst mich schlaff, du kennst mich rund, ich mache alle Feste bunt.

Jetzt hol tief Luft und pust´ mich auf, denn spielen kannst du mit mir auch!

Über 50 Spiele mit Ballons, für Geburtstagsfeiern, Gartenfeste, Sport und Spass.

Das über 3000 Jahre alte chinesische Orakelbuch in einer leicht verständlichen Sprache nach den Aufzeichnungen der Witwe Cheng aus dem frühen 19. Jahrhundert.

Lange verschollen und zu unserer Freude wieder entdeckt in Captain Swings geheimer Bibliothek.

Selbst gemachter Likör ist immer ein wundervolles Geschenk aus der Küche, welches von Herzen kommt! Ob als Dankeschön für liebe Menschen, als kleines Präsent an Festtagen oder als herzliches Mitbringsel zu einer Einladung.
Etwas Selbstgemachtes löst immer Rührung in den beschenkten Mitmenschen aus.

Auf der Party, in der Kneipe, am Arbeitsplatz, im Warte-
zimmer, beim Friseur, überall, wo man Zeit hat und sonst
schon alles gesagt wurde, dort finden sie Verbreitung: Die
modernen Märchen, urbane Legenden, Geschichten die
zu schön sind um nicht wahr zu sein. Jeder weiß sie um
zwei Ecken, nur die guten Erzähler haben sie wirklich
selbst erlebt oder zumindest aus erster Hand. Ich schwör.

Latein ist eine alte Sprache, eine tote Sprache, eine Sprache für Akademiker, die sich damit wichtig tun. Wozu Latein? Nun, um sich auch wichtig zu tun? Oder die Wichtigtuer zu verstehen und ihnen vielleicht sogar Kontra geben zu können?

Auch in unserem heutigen, modernen Leben tauchen immer wieder lateinische Begriffe auf, sind sozusagen Teil unserer Alltagssprache geworden. Es ist doch gut, diese zu verstehen.

Capt. Swings
geheime Bibliothek